दर्द ऐ दिल मोहब्बत का

दिल टूट गया प्यार में

भारत सिंह भोई

♥ खुशियों से नाराज़ है मेरी ज़िन्दगी क्यों
प्यार की मोहताज़ है मेरी ज़िन्दगी तेरी लिए
हँस लेता हूँ लोगों को दिखाने के लिए
वरना दर्द की किताब है मेरी ज़िन्दगी तेरी लिए ♥

इतना भी दर्द ना दे ऐ ज़िन्दगी
इश्क़ ही किया था कोई क़त्ल तोड़ी ही नहीं

मैं अपनी बदनसीबी की क्या मिसाल दूँ ...
मेरे कन्धे पे सर रख कर रोया वो शख़्स किसी और के लिए ....

आया था एक शख़्स मेरा दर्द बाँटने के लिए
रुखसत हुआ तो अपने ग़म भी दे गया मुझे तड़पाने के लिए ♥
♥

हाथो की लकीरे देख कर ही रो देता है अब तो ये दिल,

इसमें सब कुछ तो है पर एक तेरा नाम ही नही।

वो कहता था तेरे ज़िस्म का साया हूँ मैं ,
शायद इसलिये अंधेरों में साथ छोड़ दिया किसी और के लिए

***

हम उदास हैं आज उस शख़्स की मजबूरी को लेकर .... !!
'ऐ-खुदा', वो खुद तो सताता था,
अब उसकी यादें भी सताने लगी हैं .... !

तक़लीफ़ यह नहीं कि मोहब्बत हो गयी
दर्द से ? बस दर्द इतना है की अब वो भुलाया क्यों नहीं जाता...

बेताब बेहिसाब थे उससे बिछड़ कर...
दर्द-ऐ-जुदाई की कसम...
रोता तो वो भी होगा हमें याद करते करते !

मोहब्बत क्या थी हम से पूछो

जमाने से क्या पूछते हो दर्द क्या होता है ? मोहब्बत का...

निकाल ले मेरी रगों से सारा ख़ून
अगर ना आयी वफ़ा नज़र तो किसी भी कतरे में...
तो आप हमें बेवफा कह देना...

दर्द बनकर ही रह जाओ मेरे सनम हमारे साथ
सुना है दर्द बहुत वक़्त तक साथ रहता है...

मेरे दर्द ने मेरे जख्मों से बगावत की है
आंसुओं ने मेरे सब्र से शिकायत की है
गम मिला है तेरी चाहत के समन्दर में
हाँ मेरा जुर्म है कि मैंने मोहब्बत क्यों की है...

फिर उस ही शख्स से उम्मीद-ऐ-वफ़ा,
ऐ ♥"दिल"♥ तुझे मेरी मोहब्बत रास नहीं...???

हम ग़लत थे चलो इतना तो मान लेते हैं,
क्या मेरी चाहत में कमी थी ,

इतना करीब आने के बाद जो तुम बदल गए हो ♥♥♥

कितने गुरूर में है वो शख्श
मुझे तन्हा छोड़ कर...
*
*
ऐ दोस्त
*
*
क्यों कि उसे मालूम है,
मेरे पास कोई और नहीं है उस शख्श के सिवा ...

छोड़ तो दिया मुझे पर
कभी यह भी तो
सोचा तुमने...
अब कभी झूठ बोला तो
"कसमें" किस की खाओगे...??

रोज़ रोते हुए कहती है ज़िन्दगी मुझसे...
सिर्फ एक शख्स के खातिर मुझे बर्बाद न कर..

तुझे अब दूसरी पटाना है मेरी लिए......

जाना तेरा फ़ैसला था
माफ़ी मेरी मोहब्बत थी तुझ पे यक़ीन करना मेरी गलती
झूठी तेरी फितरत..

मुड़-मुड़ कर मैं उसे देखता रहा शायद...
क्या पता वो जाते-जाते शायद अपना फैसला बदल दे...

क्यों तुझे मनाने के लिए तेरे पाँव पकड़ू या हाथ जोड़ू में...!
मुझे तुझ से मोहब्बत है कोई मतलब नहीं...!

हँसते हो सुनकर दर्द-ऐ-दिल मेरा !
खुदा करे तुम्हे भी किसी से मोहब्बत हो जाए।

ख्वाहिश तो कभी ना थी किसी से ♥दिल♥ लगाने की
पर क्या करे किस्मत में दर्द लिखा हो तो मोहब्बत कैसे ना
होती

खामोश हूँ बस तेरी ख़ुशी के लिए,
यह मत समझना मेरे दिल में दर्द नहीं होता....

कोन कहता है कि दिल
सिर्फ लफ्जों से दुखाया जाता है,
तेरी खामोशी भी कभी कभी
दर्द का एहसास करा देती है..

काश कोई ऐसा भी होता
जो मुझे गले लगा कर कहे...
"तेरे दर्द से मुझे भी तकलीफ होती है "

हमें नहीं आता अपने दर्द का दिखावा करन
बस अकेले में ही रो लेते हैं तुझे याद करके....

दर्द की भी अपनी एक अदा है
वो भी इसे सहने वालों पर हमेशा फ़िदा है

*** जितनी सच्ची मोहब्बत....
उतना गहरा दर्द...***

अजीब ए दुनिया है...
हम अंदर तक टूट गए हैं
और किसी को महसूस भी नहीं हुआ

चीख कर दर्द बताऊँ और मज़ाक में खुद बन जाऊं,
बेहतर है रो लूँ खुद ही और राख का ढेर बन जाऊं...!!!

ज़ख्म पे ज़ख्म, दर्द पे दर्द मिलते जा रहे हैं...
ऐ ज़िन्दगी इरादा क्या है तेरा हमे भी तो बता ...

बर्बाद होने के तो कही और भी रास्ते थे,
ना जाने मुझे इश्क मोहब्बत का ही ख्याल क्यों आया....

क्या करोगे अब तुम मेरे दिल के करीब आकर
खो दिया है तुमने मुझे बार-बार आजमाकर

चेन और इश्क मोहब्बत का, वह भी दोनों एक साथ,
रहने दो साहब कोई अक़्ल वाली बात करो..♥

नज़र और नसीब में भी क्या है यारों
नज़र उसे ही पसंद करती है जो नसीब में नहीं होता....

वो अपने दर्द को रो-रो कर सुनाते रहे
हमारी तन्हाइयों से आँखें चुराते रहे
और हमें बेवफ़ा का नाम मिला
क्योंकि हम हर दर्द को मुस्कुरा कर छिपाते रहे

मोहब्बत तो आज भी बेशुमार करते हैं तुम्हे
बस तुम्हे पाने की इच्छा अब नहीं रही

♥ हसरतें आज भी ख़त लिखती हैं मुझे तेरे नाम से,
पर मैं अब पुराने पते पर नहीं रहता ♥

एक आंसू भी गिरता है तो लोग हज़ारों सवाल पूछते हैं क्या
हुआ ?
ऐ बचपन ज़रा लौटकर आजा मुझे खुल कर रोना है..

क्यों कहते हैं लोग के सगत का असर पड़ता है
मैं तो बेवफ़ाओं की महफ़िल में रह कर भी वफायें निभाता रहा...

मोहब्बत छोड़ के हर एक जुर्म कर लेना
वरना तुम भी मुसाफिर बन जाओगे तन्हाई रातों के...

जब भी मिलो तो किसी से तो ज़रा दूर का रिश्ता रखना
बहुत तड़पाते हैं अक्सर सीने से लगाने वाले

सवाल ज़हर का नहीं था...वो तो मैं तेरे खातिर पी गया
तक़लीफ़ लोगों को तब हुई जब मैं ज़हर पी के भी जी गया

अब कोई और इलज़ाम रह गया हो तो वो भी दे दो
हम तो पहले से ही बुरे थे अब थोड़े और सही

मेरे तजुर्बे ने मुझे एक बात सिखाई है
नया दर्द ही पुराने दर्द की दवा है

कभी मेरे साथ बैठो तो कहूँ क्या दर्द है मेरा
अब तुम दूर से पूछोगे तो खैरियत ही कहूँगा न

एक बार फिर मोहब्बत करेंगे हम,
अभी सिर्फ भरोसा उठा है...जनाज़ा नहीं साहिब ...

आज परेशांन हु तो कल सुकून भी आएगा
खुदा तो मेरा भी है आखिर कब तक रुलायेगा

गुलशन की बहार पे सर-ए-शाम लिखा है,
फिर उस ने किताबों पे मेरा नाम लिखा है,
ये दर्द इसी तरह मेरी दुनिया में रहेगा,
कुछ सोच के उस ने मेरा अंजाम पे मेरा नाम लिखा है।

रोज़ पिलाता हूँ एक ज़हर का प्याला उसे में,
एक दर्द जो दिल में है मरता ही नहीं है।

लोग मिन्नतें ही करते रह गए कि हमें टूटा हुआ देखें,
और हम थे कि दर्द सहते-सहते पत्थर के हो गए।

तकलीफ ये नहीं कि तुम्हें पसंद कोई और है,
दर्द तब हुआ जब हम नजरंदाज किए गए।

सब सो गए अपना दर्द अपनों को सुना के,
कोई और होता मेरा तो मुझे भी नींद आ जाती।

झूठी हँसी से जख्म और बढ़ता गया मेरा,
इससे बेहतर था खुलकर रो लिए होते....

मुझ को तो दर्द-ए-दिल का मज़ा याद आ गया,
तुम क्यों हुए उदास तुम्हें क्या याद आ गया ?
कहने को जिंदगी थी बहुत रंगसर मगर,
कुछ यूँ बसर हुई कि खुदा याद आ गया।

जिनकी आंखें आंसू से नम नहीं

क्या समझते हो उसे कोई गम नहीं

तुम तड़प कर रो दिए तो क्या हुआ

गम छुपा के हंसने वाले भी हम नहीं

हाथ पकड़ कर रोक लेते अगर तुझ पर ज़रा भी ज़ोर होता मेरा

ना रोते हम यूं तेरे लिए अगर हमारी जिंदगी में तेरे सिवा और
कोई दूजा ना होता

हिम्मत देते हैं हम तुम्हारे नजरअंदाज करने के हुनर को

जिसने भी सिखाया है वो उस्ताद कमाल का होगा .....

इस जमाने में लोग अपनी गलती नहीं मानते

फिर किसी को अपना कैसे मानेंगे

मुस्कुराने की वजह नहीं तलाश थे हम अब

पाला है बड़े नाज से मेरे गर्मों ने मुझे..

मन करता है अब तुझे भूल जाऊं उन हसीन पलों को दिल से
भी मिटा दूं

जब तुझे मेरी याद आती ही नहीं तो क्या फायदा तुझसे दिल
लगाने का...

जज्बातों के खेल में मोहब्बत के सबूत ना मांग मेरे हमसफर

मैंने वो आंसू भी बहाए हैं जो मेरी आंखों में थे ही नहीं

बेवफा तेरा मासूम चेहरा भूल जाने के काबिल नहीं

मगर तू बहुत खूबसूरत है पर दिल लगाने के काबिल नहीं

नासमझ कि मैं भूल गया हूं तुझे

तेरी खुशबू मेरे सांसो में आज भी है

मजबूरियों ने निभाने ना दी मोहब्बत

देख आखर मेरी वफाओं में सच्चाई आज भी है

Thought pain-e-dil,

I will tell you my…

But you didn't even ask

Why am I silent..?

रात भर जलता रहा यह दिल उसकी याद में ,

समझ नहीं आता दर्द प्यार करने से होता है या उसे याद करने से.?

सोचा था तड़पायेंगे हम उन्हें,
किसी और का नाम लेके जलायेगें हम उन्हें ,
फिर सोचा हमें उन्हें तड़पाके दर्द मुझको ही होगा,
तो फिर भला किस तरह सताए हम उन्हें।

दिन हुआ है, तो रात भी होगी,
मत हो उदास, उससे कभी बात भी होगी।
वो प्यार है ही इतना प्यारा,
ज़िंदगी रही तो मुलाकात भी होगी और बात भी होगी ।

वो बिछड़ के हमसे ये दूरियां क्यों कर गई,
न जाने क्यों ये मोहब्बत अधूरी कर गई,
अब हमे तन्हाइयां चुभती है तो क्या हुआ,
कम से कम उसकी सारी तमन्नाएं तो पूरी हो गई।

अब तो वफ़ा करने से मुकर जाता है दिल,

अब तो मोहब्बत के नाम से डर जाता है दिल,

अब किसी दिलासे की जरूरत नही है,

क्योंकि अब हर दिलासे से भर गया है दिल।

धीरे-धीरे कोई याद आया करता है,
कोई मेरी हर साँसों को महकाया करता है,
उस अजनबी का हर पल शुक्रिया अदा करते हैं,
जो इस नाचीज़ को मोहब्बत सिखाया करता है।

अब तेरे बिना जिंदगी गुजारना मुमकिन नही है,
अब और किसी को इस दर्द ए दिल में बसाना आसान नही है,
हम तो तेरे पास कब के चले आये होते सब कुछ छोड़ कर,
लेकिन तूने कभी हमे दिल से पुकारा ही नही है।

मंजिल भी उसकी थी, और रास्ता भी उसका था,
एक मैं ही अकेला था, बाकि सारा काफिला भी उसका था,
एक साथ चलने की सोच भी उसकी थी,
और बाद में रास्ता बदलने का फैसला भी उसी का था।

अब मोहब्बत नही रही इस दिल के जमाने में, क्योंकि लोग अब
मोहब्बत नही मज़ाक किया करते है इस जमाने में।

चिंगारी का ख़ौफ़ न दिखाया करो हमे,
हम अपने दिल में दरिया बहाय बैठे है,
अरे हम तो कब का जल गये होते इस आग में,
लेकिन हम तो खुद को आंसुओ में भिगोये बैठे है।

इंसान की ख़ामोशी ही काफ़ी है, ये बताने के लिये की वो अंदर
से बहुत टूट चूका है।

कोई मिला ही नही हमे कभी हमारा बन कर,
वो मिला भी तो हमे सिर्फ किनारा बनकर,
हर ख्वाब बन कर टूटा है यहां,
अब बस इंतज़ार ही मिला है एक सहारा बन कर।

हम जानते है आप जीते हो जमाने के लिए,
एक बार तो जी के देखो सिर्फ हमारे लिए,
इस नाचीज़ का दिल क्या चीज़ है,
हम तो जान भी दे देंगे आप को पाने के लिए।

हम तो तेरे ख्वाबो की दुनिया में बस खोते गये,
होश तो था फिर भी मदहोश होते गये,
उस अजनबी चेहरे में क्या जादू था,
न जाने क्यों हम उसके होते चले गये।

वफ़ा का दरिया कभी रुकता नही,
मोहब्बत में प्रेमी कभी झुकता नही,
किसी की खुशियों के खातिर चुप है,
पर तू न समझना ये की मुझे दुःखता नही।

हर पल साथ देने का वादा करते हैं तुमसे,
क्यों अपनापन इतना ज्यादा है तुमसे,
कभी ये मत सोचना भूल जायेंगे तुम को हम,
हर पल साथ निभाने का वादा है तुझसे।

तेरा यूँ मेरे सपनो में आना ये तेरा कसूर था,
और तुझ से दिल लगाना ये मेरा कसूर था,
कोई आया था पल दो पल को जिंदगी में,
और हमसफर अपना समझ लेना वो मेरा कसूर था।

कितना दर्द है इस दिल में लेकिन हमे एहसास नही है,
कोई था बहुत खास पर वो अब मेरे पास नही है,

हमे उनके इश्क ने इस कदर बर्बाद कर दिया,
और वो कहते है की ये कोई प्यार नही है।

जब कोई ख्याल इस दिल से टकराता है,
तो दिल न चाहते हुए भी खामोश हो जाता है,
कोई सब कुछ कह कर भी कुछ नही कह पाता है,
और कोई बिना कुछ कह, सब कुछ कह जाता है।

इस दिल में आग सी लग गई जब वो खफा हुए,
फर्क तो तब पड़ा जब वो जुदा हुए,
हमे वो वफ़ा करके तो कुछ दे न सके,
लेकिन दे गये वो बहुत कुछ जब वो हमसे वेबफा हुए।

गम कितना है हम आपको दिखा नही सकते है,
घाव कितने गहरे है ये आपको बता नही सकते है,
जरा हमारे इन आंसुओ को तो देख लो,
ये आंसू गिरे है कितने तेरी याद में ये हम आपको गिना नही
सकते है।

अब तो हम दर्द से खेलना सीख गये है,
अब तो हम वेबफाई के साथ जीना सीख गये है,
क्या बताये यारो की कितना दिल टूटा है हमारा,
अब तो हम मौत से पहले कफ़न ओढ़ कर सोना भी सीख गये है।

ये वक्त बदला और बदली ये कहानी है,
अब तो बस मेरे पास उनकी यादें है पुरानी है,
न लगाओ मेरे ज़ख्मो पे ऐ मरहम,
क्योंकि मेरे पास बस उनकी यही बची हुई निशानी है।

वो करते है इश्क की बात,
लेकिन मोहब्बत के दर्द का उन्हें एहसास नही,
मोहब्बत तो वो चाँद है जो दिखता तो है सबको,
लेकिन उसको पाना सबके बस की बात नही।

वक्त के बदल जाने से इतनी तकलीफ नही होती है,
जितनी किसी अपनी बाली के बदल जाने से तकलीफ होती है।

हर बात में ऐ आँसू बहाया नही करते,
हर बात दिल की हर किसी को बहा नही करते,
ये नमक का शहर है,
इसलिए ज़ख्म यहाँ हर किसी को दिखाया नही करते।

हम अगर खो गये तो कभी न पा सकोगे,
हम वहाँ चले जायेंगे जहाँ पर कभी नही आ सकोगे,
जिस दिन मेरी मोहब्बत का एहसास हो गया तुम्हे,

पछताओगे बहुत क्योंकि,
हम वहाँ चले जायेंगे जहाँ से फिर न बुला सकोगे।

उसे हमने बहुत चाहा था अपनी जान से भी जादा पर प न
सके,
उसके सिवा ख्यालो में किसी और को ला न सके,
आँखों के आँसू तो सूख गये उन्हें देख कर,
लेकिन किसी और को देख कर मुस्कुरा न सके।

जब तक दर्द न हो किसी के जाने का तब तक आंसू आया नही
करते,
बिना वजह किसी का दिल दुखाया नही करते,
ये बात सुन लो कान खोल कर,
किसी के सपने तोड़ कर अपने सपने सजाया नही करते।

चाहत इतनी थी की उनको दिखाई न गई,
चोट दिल पर लगी थी इसलिए सुनाई न गई,
हम चाहते तो थे सारी दूरियां मिटाना,
लेकिन दूरियां इतनी थी की मिटाई न गई।

हमारी चाहत ने उस वेबफा को ख़ुशी दे दी,
और उस वेबफा ने बदले में हमें ख़ामोशी दे दी,
मांगी तो उस रब से दुआ मरने की थी,
लेकिन उसने भी हमे तड़पने के लिए ऐ जिंदगी दे दी।

जरूरी नही जीने के लिए साथी का सहारा हो,
जरूरी नही जिसे हम अपना मानें वो हमारा हो,

कई कस्तियां बीच भबर में डूब जाया करती हैं,
जरूरी नही हर कस्ती को किनारा हो।

जो पल बीत गये वो बापस आ नही सकते,
सूखे फूलो को फिर से खिला नही सकते,
कभी ऐसा लगता है वो हमे भूल गये होंगे,
पर ये दिल कहता है वो हमे कभी भुला नही सकते।

हम दुआएं करेंगे उस रब से उन पर एतवार रखना,
न कोई हमसे कभी सवाल रखना,
अगर दिल में चाहत हो हमे खुश देखने की,
बस हमेशा मुश्कुराना और अपना ख्याल रखना।

कभी किसी को इतना वे बजह सताया न करो,
अपने लिए कभी किसी को तड़पाया न करो,
जिनकी साँसे ही वो आपके लव्ज़ हो,
उन लफ़्ज़ों के लिए कभी किसी को तरसाया न करो।

हमे तो सिर्फ जिंदगी से एक ही गिला है,
क्यों हमे खुशियां न मिल सकी क्यों ये गम मिला है,
हमने तो उनसे इश्क-ए-वफ़ा की थी,
क्यों वफ़ा करने के बाद वेबफाई का सिला मिला है।

मुझे जिसने जिंदगी दी, वो मरता छोड़ गये,
जिससे मोहब्बत की वो मुझे तन्हा छोड़ गये,
थी हमे भी एक हमसफ़र साथ चलने की जरूरत,
जो साथ चलने बाले थे वही रास्ता मोड़ गये।

मोहब्बत उससे करो जो आपसे प्यार करे,
अपने आप से भी ज्यादा आप पर एतवार करे,
आप उससे एक बार दो पल के लिए रुकने को तो कहो,
और उन दो पलो के लिए वो सारी जिंदगी इंतज़ार करे।

प्यार मोहब्बत तो सब करते है,
इसको खोने से भी सब डरते है,
हम तो न प्यार करते है न मोहब्बत करते है,
हमतो तेरे लिए बस आपकी एक मुस्कुराहट पाने को तरसते है।

हम आँखों से रोये और होठो से मुस्कुरा बैठे,
हमतो बस यूँ ही उनसे इश्क-ए-वफ़ा निभा बैठे,
वो हमे अपनी मोहब्बत का एक लम्हा भी न दे सके,
और हम उन पर यूही हर लम्हा बेशूमार लूटा बैठे।

प्यार हर किसी को जीना सिखा देता है,
वफ़ा के नाम पर मरना और तडपाना सिखा देता है,

प्यार नही किया तो करके भी देखो,
ये हर दर्द सहना सिखा देता है।

आज तेरी याद को सीने से लगा कर रोये हम,
हम तुझे तन्हाई में पास बुलाकर रोये,
पाना तो बहुत चाहा था हर बार तुझे,
पर हर बार तुझे न पाकर हम रोये।

वो नही आती पर अपनी निशानी भेज देती है,
ख्वाबो में दास्ताँ पुरानी भेज देती है,
उसकी यादों के पल कितने भी मीठे हैं,
मगर कभी कभी आँखों में पानी भेज देती है।

इन आँखों में कभी हमारे आंसू आये न होते,
अगर वो पीछे मुड़ कर मुस्कुराये न होते,
उनके जाने के बाद यही गम रहेगा,
की काश वो हमारी जिंदगी में आये न होते।

अब तो हमे भी उदास रहना भी अच्छा लगता है,
किसी के पास न होना भी अच्छा लगता है,

अब मैं दूर हूँ तो मुझे कोई फर्क नही पड़ता,
क्योंकि मुझे किसी की यादो में आना भी अच्छा नही लगता है।

किसी से प्यार करना आसान नही होता है,

किसी को पा लेना ही प्यार नही होता है,

किसी के इंतज़ार में मुद्दते बीत जाती है, क्योंकि ये पल दो
पल का मोहताज नही होता है।

अगर कोई खता हो गई हो तो सजा बता दो,
क्यों है इतना दर्द बस इसकी वजह हमें बता दो,
भले ही देर हो गई हो तुम्हे याद करने में,
लेकिन तुम्हे भूल जायेंगे ये ख्याल दिल से मिटा दो।

क्यों अनजाने में हम अपना दिल गवां बैठे,

क्यों प्यार में हम धोखा खा बैठे,

उनसे हम अब क्या शिकवा करे क्योंकि गलती हमारी ही थी,

क्यों हम बेदर्द इंसान से दिल लगा बैठे।

जिसने हमको चाहा उसे हम चाह न सके,

और जिसको हमने चाहा उसको हम पा न सके।

ऐसा नही है मेरे दिल में तेरी तस्वीर नही है,

पर शायद मेरे हाथो में तेरे नाम की लकीर नही है।

ये न कह मोहब्बत मिलना किस्मत की बात है,

क्योंकि मेरी बर्बादी में तेरा भी साथ है।

इस इश्क की किताब से,बस दो ही सबक याद हुए

कुछ तुम जैसे आबाद हुए,कुछ हम जैसे बर्बाद हुए।

हम खुश हैं कम से कम कोई हमारी बात तो करता है,

वो बुरा कहता है तो क्या, कम से कम कोई हमें याद तो करता

है।

हम तो आपसे पलके बिछा कर प्यार करते हैं,

ये वो गुनहा है जो हम बार-बार करते हैं,

दिल में ख्वाइशों के कई चिराग जलाकर,

हम सुबह हो या शाम तेरे मिलने का इंतज़ार करते हैं।

जब कोई आपसे मजबूरी में जुदा होता है,

जरूरी नही वह इंसान वेबफा होता है,

जब कोई देता आपको जुदाई के आँसू,
तन्हाइयों में वो आपसे ज्यादा रोता है।

मुझे दिल से यूँ पुकारा न करो,
यूँ आँखों से हमे इशारा न करो,
दूर हूँ तुझसे मजबूरी है मेरी,
यूँ तन्हाइयों में मुझे तड़पाया न करो।

ये तेरी चाहत मुझे किस मोड़ पर ले आई,
इस दिल में गम है,और दुनिया में रुसबाई,
अब तो कटता है हर पल सदियों के बराबर,
अब तो लगता है मार ही डालेगी तेरी ऐ जुदाई।

खुदा कभी किसी पे फ़िदा न करे,
अगर करे भी तो कभी कयामत तक जुदा न करे।

कोई मर तो नही जाता इश्क-ए-जुदाई में,
लेकिन जी भी तो नही पाता है जिंदगी की तन्हाई में।

यादों में तेरी आहे भरता है कोई,
हर साँस के साथ तुझे हर पल याद करता है कोई,
मरना तो सभी को है वो एक हकीकत है,
लेकिन तेरी यादों में हर दिन मरता है कोई।

हर घड़ी इस जिंदगी को आज़माया है हमने,
इस जिंदगी में सिर्फ गम पाया है हमने,
जिस ने हमारी कभी कदर न जानी,

उस वेबफा को इस दिल में बसाया है हमने।

तेरे लिए लड़ लिए सबसे,
लेकिन हम हार गये अपने नसीब से तेरे लिए ।

दो पल को ही सही पर मेरी तन्हाइयो में खो जाओ,
मैं तेरा और तुम मेरी दो पल के लिए एक हो जाओ।

मेरे दिल को तोड़ कर वो किसी और की बाहों में सो गया
कितनी आसानी से वेबफाई का नाम मजबूरी हो गया।

दुआ भी करना दम भी उसी तरह निकले,
जिस तरह तेरे दिल से हम निकले।

अब छोड़ो वफाओ के किस्से ये तो न जाने कितनो का रोना है,
पहले कोन था साथ हमारे और अब किसे अपना होना है।

तुझे हमे दर्द देने का शौक था बहुत,
हमे भी दर्द सहने का शौक था बहुत।

जरा ख्याल कीजिए मेरा मर न जाऊँ कहीं,
बहुत जहरीली है तेरी ख़ामोशी मैं पी न जाऊँ कहीं।

हमे इतना वक्त ही कहाँ की हम मौसम सुहाना देखे,
जब तेरी याद से निकले तभी तो मौसम सुहाना देखे।

न जाने वो कोन है जो बिन बुलाये आता है, ख्यालों में
मेरे ख्याल से तेरा ख्याल ही होगा जो मुझे सताता है।

झूठ कहूँ तो बहुत कुछ है मेरे पास,
सच कहूँ तो कुछ नही है सिवा तेरे मेरे पास।

हमें दीवाना कर दिया एक नजर देख कर,
हम कुछ भी न कर सके बार-बार देख कर।

उस वेबफा को अपना समझा जिसे हमने इतना प्यार किया,
उसने किया हमसे सिर्फ धोखा हमने फिर भी एतवार क्यों
किया।

चुप रह कर भी कह दिया सब कुछ ये मेरा सलीका था,
और तुम सुनकर भी समझ नही पाए ऐ उनका प्यार था।

तुम हमे क्यों इतना दर्द बेशूमार देते हो,
जब जी में आये तब रुला देते हो,
लफ़्ज़ों में तीखा पन और नजरो में बेरुखी,
ये कैसा इश्क है जो तुम हमसे करते हो।

बीच सफर में तुम हमसे अलविदा कह गये,
पहले अपना बनाया फिर पराया कर गये,
जब जिंदगी की जरूरत बन गये,
तभी वो हमसे किनारा कर गये।

छोड़ने से पहले कहते तो आप,
दर्दे दिल एक बार हमे सुनाते तो आप,
ऐसी क्या मजबूरी थी आपकी,
जो हमे जिंदगी के बीच सफर में छोड़ गये आप।

हमे दिल में बसाया था तो साथ निभाया क्यों नही,
जब नजरे मिलाई थी तो हम से तो नजर में बसाया क्यों नही,
तूने तो हमसे जिंदगी भर साथ निभाने का वादा किया था,
तो छोड़ कर जाने से पहले एक बार बताया क्यों नही।

मेरे ख्यालो में सिर्फ तुम हो तुम्हे कैसे भुला दूँ
इस दिल की धड़कन हो सिर्फ तुम, तुम्हे कैसे निकाल दूँ जरा
हमको भी बताओ ।

सच कहो तो उन्हें ख्वाब लगता है,
और शिकवा करो तो उन्हें मज़ाक लगता है मेरी बातों का...
हम कितनी शिद्दत से उन्हें याद करते है,
और एक वो हैं जिन्हें सब इत्तेफाक लगता है।

ख्वाइशें तमाम पिघलने लगी है,
फिर से एक और शाम ढलने लगी है,
उनसे मुलाकात के इंतज़ार में बैठे है
अब ये जिद भी तो हद से गुजरने लगी है।

हम कितनी दूर निकल आये इश्क निभाते-निभाते,
खुद को खो दिया हमने उनको पाते-पाते,
लोग कहते है दर्द बहुत है तेरी आँखों में,
और हम दर्द छुपाते रहे मुस्कुराते-मुस्कुराते।

किसी की चाहत पर हमे अब एतवार न रहा,
अब किसी भी ख़ुशी का हमे एहसास न रहा,
इन आँखों ने सपनो को टूटते देखा है,

इसलिए अब जिंदगी में किसी और का इंतज़ार न रहा।

तू क्या जाने की क्या होती है तन्हाई,
टूटे हर पत्ते से पूंछो की क्या है जुदाई,
हमको तू कभी वेबफाई का इलज़ाम न देना,
तू उस वक्त से पूछ की मुझे तेरी याद कब नही आई।

तू याद आता है बहुत इसलिए तेरी याद में खो लेते है,
तेरी याद जब आती है तो आंसुओ से रो लेते है,
नींद तो अब हमे आती नही,
तू हमारे सपनो में आयेगी ये सोच कर सो लेते है।

कभी ख़ुशी से ख़ुशी की तरफ नही देखा,
तेरे जाने के बाद किसी और को भी नही देखा,
तेरा इंतज़ार करना तो है लाज़िम,
इसलिए कभी हमने घड़ी की तरफ नही देखा।

सारे फासले मिटा कर तू हमसे प्यार करना
हमारा रिश्ता हमेशा बरकरार रखना,
अगर कभी इत्तेफाक से हम आपसे जुदा हो जाये,
तो कुछ पलों के लिए मेरा अपनी आँखों में इंतज़ार रखना।

वक्त नूर को बेनूर कर देता है,
छोटे से जख्म को भी नासूर बना देता है,
कोन चाहता अपनी मोहब्बत से दूर रहना,
लेकिन वक्त हम सबको मजबूर कर देता है।

अपनी मोहब्बत की बस छोटी सी कहानी है,
डूबी हुई कस्ती और ठहरा हुआ पानी है।

यूँ सजा न दे मुझे हम बेकसूर हूँ मैं,
अपना ले मुझे गमों से चूर हूँ मैं,
तू छोड़ गई हो गया मैं पागल,
और लोग कहते है बड़ा मगरूर हूँ मैं।

तेरा मेरा दिल का रिश्ता बड़ा अजीब है,
मीलों की हैं दूरियां लेकिन फिर भी धड़कन दोनों की करीब है।

हम उसके चेहरे को कभी-कभी रुख से उतार देते है,
कभी-कभी तो हम खुद को ही कई बार मार देते है।

न जाने क्यों ये लहरे किनारों से टकराती है,
और फिर समंदर में लौट जाती है,
कुछ समझ नही पाते की किनारों से वेबफाई करती है,
या समंदर से वफ़ा निभाती है।

कभी गम तो कभी वेबफाई मार गई,
कभी उनकी याद आई तो जुदाई मार गई,
जिसको हमने बेइन्तहा मोहब्बत की,
आखिर में हमे उसी की वेबफाई मार गई।

उनके इश्क की पहचान अभी बाकी है,
नाम उसका लव पर है और मुझ में जान बाकी है,
वो हमे देख कर मुँह फेर लेते है तो क्या हुआ,

कम से कम उनके चेहरे की पहचान तो बाकि है।

कभी दूर तो कभी पास थे,
न जाने किस-किस के करीब थे वो,
हमे तो उन पर खुद से भी ज्यादा भरोसा था,
लेकिन ठीक ही कहता था ये जमाना, वेबफा थे वो।

हमने तो देखा खुद को कई बार आजमा कर,
अक्सर लोग धोखा देते है करीब आकर,
इस जमाने ने समझाया था लेकिन दिल नही माना,
छोड़ जाओगे एक दिन हमे अपना बना कर।

कुछ पता नही दिल सुधर गया,
या किसी की मोहब्बत में उजड़ गया।

तुझे मोहब्बत करना नही आता
और मुझे मोहब्बत के सिवा कुछ नही आता,
जिंदगी जीने के दो ही तरीकें है
एक तुझे नही आता, और दूसरा मुझे नही आता।

अजब हाल है मेरी तबियत का आजकल मुझे ख़ुशी ख़ुशी नही
लगती और गम बुरा नही लगता है।

गम इस बात का नही की तू बेबफ़ा निकली, बस अफ़सोस तो
इस बात का है, वो सभी सच्चे निकले जिससे तेरे लिये मैं
लड़ता था!

मैंने खुदा से पूछा वो क्यों छोड़ गया मुझे अकेला उसकी क्या
मजबूरी थी,

खुदा ने कहा न कसूर तेरा था न गलती उसकी थी, मैंने ये
कहानी लिखी ही अधूरी थी।

तुम्हारे चाँद से चहरे पर गम अच्छे नही लगते,

एक बार हम से कह दो तुम चले जाओ, हमे से तुम अच्छे नही
लगते।

माफ़ करना मुझे तुम्हारा प्यार नही चाहिये,

मुझे मेरा हँसता खेलता दिल लोटा दो ।

दिल तोड़ने बाले का कुछ नही जाता है, लेकिन
जिसका दिल टूटता है उसका सब कुछ बिखर जाता है।

हमे आदत नही है हर एक पर मर मिटने की, तुझ में बात ही
कुछ ऐसी थी, दिल ने मोहलत ही न दी कुछ सोचने समझने
की।

दिल से कब निकलता है दिल में बस जाने के बाद,

दर्द कितना होता है बिछड़ जाने के बाद,

जो पास होता है उसकी कदर नही होती है, कदर होती है बिछड़
जाने के बाद।

सांस थम जाती है पर जान नही जाती,

दर्द होता है पर आवाज नही आती,

अजीब लोग हैं इस जमाने में,

हम भूल नही पाते और किसी को हमारी याद नही आती।

यादो में किसी का दीदार नही होता है,

सिर्फ याद करना ही प्यार नही होता है,

यादों में किसी के हम भी तड़पतें हैं,

बस हम से दर्द का इज़हार नही होता है।

बहुत से रिश्ते खत्म होने की ये भी वजह होती है,

एक सही से बोल नही पाता है और दूजा सही से समझ नही पाता है।

मोहब्बत करने में औरत से कोई जीत नही सकता,

और नफरत करने में औरत को कोई हरा नही सकता है,

हाय कैसी बिडम्ना है ।

अब बेमतलब की दुनिया का सिलसिला खत्म,

अब जिस तरह की दुनिया है उसी तरह के हो गे है हम।

ज़ख्म तो आज भी ताज़ा है बस वो निशान चला गया, इश्क तो आज भी बेपनाह है बस वो इंसान चला गया।

वफ़ा की उम्मीद करू भी तो करूँ किससे,

मुझे तो अपनी ज़िन्दगी भी वेबफा लगती है।

जिनके पास जिंदगी में देने के लिये मोहब्बत के सिवा कुछ नही होता है, उन्हें जिंदगी में दर्द के सिवा कुछ नही मिलता है।

उम्मीद जिनसे थी वही तनहा हमे कर गए, आज के बाद किसी से नही कहेंगे की तू मेरा है।

दिल छोड़ कर और कुछ माँगा करो हमसे जानव, हम टूटी हुई चीज़ का तोहफा नही देते है।

तुझे लगता है रो रहा हूँ मैं, लेकिन में अपनी आँखों को धो रहा हूँ।

आँखे हँसती हैं, मग़र दिल ये रोता है, जिसे हम अपनी मंजिल समझे हैं, उसका हमसफ़र कोई और ही होता है।

जब जज़्बात अपने होते हैं वो जज़्बात हैं,

और दूसरो के जज़्बात खिलौना हैं।

क्या खाक तरक्की की है इस दुनिया ने,

इश्क के मरीज़ तो आज भी वे इलाज़ बैठे हैं डॉक्टर की तलाश
में ।

जब किसी की बाते आप के साथ छोटी हो जायें,

तो समझ लेना की वो कहीं और लम्बी हो रही हैं।

अगर तुम्हारे साथ कोई रिश्ता नही रखना चाहता, तो उससे दूर
हो जाओ,

क्योंकि वक्त खुद सिखा देगा उसे कदर करना, और तुम्हे सब्र
करना।

दर्द है दिल में इसका एहसास नही होता है,

रोता है दिल जब वो पास नही होता है,

हम बर्बाद हो गये उसके प्यार में, और वो कहते हैं,

इस तरह से कभी हमे प्यार नही होता है।

इन आँखों में सूरत तेरी सुहानी है,

मोम की तरह से पिघल रही मेरी जबानी है,

जिस तरह से सितम हुए थे हम पर,

मर जाना चाहिये था, पर जिन्दा है, ये जानकार बड़ी हैरानी है।

पत्थरों से प्यार किया क्योंकि नादान थे हम,

गलती हुई क्योंकि इंसान थे हम,

आज जिन्हें हमसे नजरे मिलाने में तकलीफ होती है,

कल उसी इंसान की जान थे हम।

जरा सी बात पर न छोड़ अपनों का दामन,

क्योंकि जिंदगी बीत जाती है अपनों को अपना बनाने में।

बिन मांगे ही मिल जाती है मोहब्बत किसी को,

और कोई हजारो दुआओं के बाद भी खाली हाथ ही रह जाता है
मेरे जैसा ।

हम पा न सके तुझे मुद्दतो चाहने के बाद,

और किसी ने तुझे अपना बना लिया चन्द रस्मे निभाने के
बाद।

तेरी यादों को पसन्द आ गई मेरे आँखों की नमी,

अब हँसता हूँ तो रुला देती है तेरी कमी तेरी कसम ।

यूँ तो पहले सदमो में भी हँस लेता था मैं, पर आज क्यों
बेवजह रोने लगा हूँ ,

वैसे तो हमेशा से हाथ खाली ही था मेरा, फिर आज क्यों लगा
सब कुछ खोने लगा हूँ ।

दुनिया है पत्थर की जज़्बात नही समझती, दिल में छुपी है जो
बात नही समझती,

चाँद तन्हा है तारो की बारात में , दर्द ये चाँद का ज़ालिम रात
नही समझती।

मर कर तमन्ना जीने की किसे नही होती,

रो कर खुश होने की तमन्ना किसे नही होती,

कह तो देते हैं जी लेंगे अपनों के बिना,

लेकिन अपनों की तमन्ना किसे नही होती।

हमने उनसे प्यार किया, ये मेरे प्यार की हद थी,

हमने उन पर एतवार किया, ये मेरे एतवार की हद थी,

मर कर भी खुली रही ऐ मेरी आँखे, ये मेरे इंतज़ार की हद थी।

कभी सोचा न था की आपके साथ अपनी ज़िन्दगी बिताएंगे,

आप के साथ रह कर हम भी मुस्कुराएंगे,

कभी सोंचतें थे मोहब्बत अपनी चाँद के पार ले जाएंगे,

लेकिन कभी ये नही सोचा था की आप हमे इस तरह रुलायेंगे।

हो सकता है हमने आपका अनजाने में कभी दिल दुःखा दिया,

लेकिन तूने हमे दुनिया के कहने पर भुला दिया,

हम तो इस दुनिया में वैसे भी अकेले थे,

तो क्या हुआ तूने हमे ये एहसास दिला दिया।

मेरी खामोशियों में भी फ़साना ढूँढ़ लेती है,

बड़ी शातिर है ये दुनिया बहाना ढूँढ़ लेती है,

हकीकत ज़िद किये बैठी है चकनाचूर करने को,

लेकिन ये आँख फिर सपना सुहाना तेरे लिए ढूँढ़ लेती है।

माँगा था थोड़ा सा उजाला जिंदगी में, पर चाहने बालो ने तो
आग ही लगा दी मेरे दिल में ।

अपना गम हर किसी से बहुत सोच समझ कर बाटना चाहिये,
क्योंकि आज कल लोग हम दर्द कम सिरदर्द ज्यादा होते हैं।

क्यों शर्मिंदा करते हो रोज़ हाल पूंछ कर, हाल वही है जो तुमने
मेरा बना रखा है।

अगर दर्द की जुबान होती तो वो खुद बता देता, अब भला मैं
वो ज़ख्म कैसे दिखाऊं जो दिखते ही नही।

मोहब्बत का कानून अलग है, यहाँ की अदालत में हमेशा
वफ़ादार को सज़ा मिलती है।

आजकल सफाईयां देना छोड़ दी है हमने, हां मैं बहुत बुरा हूँ,
यही सीधी सी बात है।

अब शिकवा करें भी तो करें किस से, क्योंकि ये दर्द भी मेरा है,
और दर्द देने बाला भी मेरा।

अब तेरा नाम ही काफी है, मेरा दिल दुखाने के लिए।

न सीरत नज़र आती है, न सूरत नज़र आती है,

यहाँ हर इंसान को बस अपनी ज़रूरत नज़र आती है।

जिंदगी तो कट ही जाती है, बस यही एक जिंदगी भर गम
रहेगा की हम उसे ना पा सके जिसे चाहा हमने

मोहब्बत कभी झूठी नही होती है, झूठे तो कसमे, वादे और
लोग होते हैं।

हमारे अकेले रहने की एक वजह ये भी है, की हमे झूठे लोगो
से रिश्ता तोड़ने में ज़रा भी डर नही लगता है जैसे की आप !

दुआ करो जो जिसे मोहब्बत करे वो उसे मिल जाये,

क्योंकि बहुत रुलाती है ये अधूरी मोहब्बत।

ये तो सच है ये जिंदगी उसी को रुलाती है,

जिसके आँसू पोछने बाला कोई नही होता है।

मेरी तन्हाई को मेरा शौक मत समझना, क्योंकि किसी अपने ने
ये बहुत प्यार से दिया था तोहफे में मेरे लिए।

अब तो मेरे दुश्मन भी मुझे ये कह कर अकेला छोड़ गये, की
जा तेरे अपने ही बहुत हैं तुझे रुलाने के लिए ।

उनके हुस्न का आलम न हमसे से पूछिये,
बस तस्वीर हो गया हूँ, तस्वीर देखकर।

मेरे दिल को अगर तेरा एहसास नहीं होता,
तो तू दूर रह कर भी यूं मेरे पास नहीं होता,
इस दिल में तेरी चाहत ऐसे बसा ली है हमने,
एक लम्हा भी तुझ बिन ख़ास नहीं होता।

उसने मुझसे ना जाने क्यों ऐ दूरी कर ली,
बिछड़ के उसने मोहब्बत ही हमसे अधूरी कर दी,
मेरे मुकद्दर में दर्द आया तो क्या हुआ,
खुदा ने उसकी ख्वाहिश तो पूरी कर दी।

गलतियों से जुदा तू भी नहीं मैं भी नहीं,
दोनों इंसान हैं ख़ुदा तू भी नहीं, मैं भी नहीं,
गलतफहमियों ने कर दी दोनों में पैदा ये दूरियां,
वरना फितरत का बुरा तू भी नहीं और मैं भी नहीं।

समुद्र न सही पर एक नदी तो होनी चाहिए पानी पीने के लिए,

मोहब्बत हो गई है जुदा तो क्या हुआ उसकी सहेली तो है पाने
के लिए

दूरियों की ना परवाह कीजिये हमसफ़र,
दिल जब भी पुकारे बुला लीजिये,
कहीं दूर नहीं हैं हम आपसे,
बस अपनी पलकों को आँखों से मिला लीजिये।

सजा न दे ऐ मेरे हमसफ़र मुझे में बेक़सूर हूँ मैं,
थाम ले मुझको ग़मों से चूर हूँ मैं,
तेरी दूरी ने कर दिया है पागल मुझे,
और लोग कहते हैं कि मगरूर हूँ मैं।

वफाओं की बातें की हमारे, सामने,
ले चले हम चिराग़ हवाओं के सामने,
उठे हैं जब भी हाथ बदली हैं क़िस्मतें,
मजबूर है खुदा भी दुआओं के सामने।

चाँद निकलेगा तो लोग दुआ मांगेंगे,
हम भी अपने मुकद्दर का लिखा मांगेंगे,
हम हकदार नहीं दुनिया की दौलत के,
हम रब से सिर्फ आपकी वफ़ा मांगेंगे।

जिंदगी लंबी है दोस्त बनाते रहो

दिल मिले ना मिले हाथ मिलाते रहो

ताजमहल बहुत महंगा है बनाने में

फिर भी हर गली में एक मुमताज बनते रहो।

किस हद तक जाना है ऐ कौन जानता है
किस मंजिल को पाना है ऐ कौन जानता है ।
दोस्ती के दो पल जी भर ऐ जी लो
किस रोज़ बिछड जाना है ऐ कौन जानता है ।

ज़िन्दगी में किसी मोड़ पर खुद को तुम तन्हा न समझना
साथ हूँ मैं आपके खुद से जुदा मत समझना
उम्र भर आपसे दोस्ती करने का वादा किया है
अगर जिंदगी साथ न दे तो हमें बेवफा मत समझना।

मुस्कराहट का कोई मोल नहीं होता
कुछ रिश्तों का कोई तोल नहीं होता
लोग तो मिल जाते है ऐ ज़िन्दगी के हर मोड़ पर
हर कोई आप की तरह अनमोल नहीं होता।

माना एक जैसे दोस्त सभी नहीं होते
पर कुछ हमारे होकर भी हमारे नहीं होते;
आपसे दोस्ती करने के बाद महसूस हुआ हमे
कौन कहता है जमीं पर तारे नहीं होते।

कमियाँ तो मुझ में भी बहुत है
पर मैं बेईमान नहीं हूँ
मैं सबको अपना मानता हूँ
सोचता फायदा या नुकसान नहीं
एक शौक है खामोशी से जीने का
कोई और मुझमें गुमान नहीं
छोड दूँ बुरे वक्त में दोस्तों का साथ

वैसा तो मैं इंसान नहीं

ऐ तक़दीर लिखने वाले मुझ पर एक एहसान कर दे तू
मेरे प्यारे दोस्त की तक़दीर मैं एक और मुस्कान लिख दे तू;
न मिले कभी दर्द उसको ज़िंदगी मे
चाहे तो उसकी किस्मत मैं मेरी जान लिख दे तू।

तुम खफा हो गए तो कोई ख़ुशी न रहेगी
तुम्हारे बिना चिरागों में रौशनी न रहेगी
क्या कहें क्या गुजरेगी इस दिल पर ऐ दोस्त
जिंदा तो रहेंगे लेकिन ज़िंदगी न रहेगी।

तेरी दोस्ती ज़िन्दगी में तूफान मचाएंगे
तेरी दोस्ती में दिल के अरमान सजायेंगे
अगर तेरी दोस्ती ज़िन्दगी भर साथ दे
तो हम दोस्ती में मौत को भी पीछे छोड़ जायेंगे।

दोस्ती तो एक झोंका है हवा का
दोस्ती तो एक नाम है वफा का
दूसरों के लिए चाहे कुछ भी हो दोस्ती
हमारे लिए तो खुदा का हसीन तोहफा है दोस्ती ।

चाहत वो नहीं जो जान देती है
चाहत वो नहीं जो मुस्कान देती है
ऐ दोस्त चाहत तो वो है
जो पानी में गिरा आंसू भी पहचान लेती हैं.

लगे न नज़र इस रिश्ते को ज़माने की
पड़े न ज़रूरत कभी एक दूजे को मनाने की;
आप न छोड़ना मेरा साथ वरना
तमन्ना न रहेगी फिर दोस्त बनाने की !

न जाने क्यों हमें आंख भिगाना नहीं आता
न जाने क्यों हाल-ऐ-दिल समझाना नहीं आता
क्यों सारे दोस्त बिछड़ गए हमसे फिर भी
शायद हमें ही साथ निभाना नहीं आता !

हम ना अजनबी हैं ना पराये हैं
आप और हम भी एक रिश्ते के साये है
जब जी चाहे महसूस कर लीजियेगा
हम तो आपकी मुस्कुराहटों में समाये है

लोगों की जरूरत महफिल में होती है
प्यार की ज़रूरत दिल में होती है
बिना दोस्त के अधूरी है हमारी ये महफ़िल
क्योंकि दोस्त की ज़रूरत हर हाल में होती है।

दोस्त के लिए दोस्ती की सौगात होगी।
नये लोग होंगे नई बात होगी।
हम हर हाल में मुस्कुराते रहेगे
अपनी दोस्ती अगर यूं ही साथ रहेगे

मेरी हर बात समझ जातें हो तुम
फिर भी क्यों मुझे सताते हो तुम

तुम बिन कोई और नहीं है मेरा
शायद इसी बात का फ़ायदा उठाते हो तुम

जिंदगी के सफर मे हम गरीब क्या हुए
वो दोस्त भी साथ छोड़ गए जो कभी करीब हुए
जिंदगी भर साथ रहने की जो कसम खाते थे
आज वो हमें बीच राह में छोड़ के अनजान हुए।

कहीं अँधेरा तो कहीं शाम होगी
मेरी हर ख़ुशी तुम्हारे नाम होगी
कुछ माँग कर तो देखो दोस्त...
होंठों पर हँसी और हथेली पर मेरी जान होगी।

दोस्ती नाम है सुख-दुःख की कहानी का
दोस्ती राज है सदा मुस्कुराने का;
ऐ कोई पल भर की जान-पहचान नहीं है मेरी जान
दोस्ती वादा है उम्र भर पूरी तरह साथ निभाने का।

जब साथ बिताया समय याद आता है
मेरी आंखों में आंसू आ जाते है
कोई और मिल जाये तो हमें न भूल जाना
दोस्ती का रिश्ता जिंदगी भर काम आता है।

दर्द ऐ दिल मोहब्बत का

क्रम-सूची

www.ingramcontent.com/pod-product-compliance
Lightning Source LLC
Chambersburg PA
CBHW031004180726
47993CB00018B/1563